DEPORTES PARA
PRINCIPIANTES

Fútbol
para patear

Bobbie Kalman y John Crossingham

 Crabtree Publishing Company

www.crabtreebooks.com

DEPORTES PARA PRINCIPIANTES

Creado por Bobbie Kalman

Mixed Sources
Product group from well-managed forests and other controlled sources
www.fsc.org Cert no. SW-COC-1271
© 1996 Forest Stewardship Council

Dedicado por Margaret Amy Salter
Para Kian Reiach, el más reciente atleta estelar de la familia.

Editora en jefe
Bobbie Kalman

Equipo de redacción
Bobbie Kalman
John Crossingham

Editora de contenido
Kelley MacAulay

Editor de proyecto
Robert Walker

Editoras
Molly Aloian
Rebecca Sjonger
Kathryn Smithyman

Investigación fotográfica
Crystal Sikkens

Diseño
Margaret Amy Salter

Consultor lingüístico
Dr. Carlos García, M.D., Maestro bilingüe de Ciencias,
    Estudios Sociales y Matemáticas

Coordinadora de producción
Margaret Amy Salter

Consultor
Jack Huckel, Director of Museum and Archives
National Soccer Hall of Fame, Oneonta NY

Ilustraciones
Trevor Morgan: páginas 6-7, 27

Fotografías
© Rainer Holz/zefa/Corbis: página 19
Marc Crabtree: páginas 8 (derecha), 9, 30
Icon SMI: Matthew Ashton: páginas 26, 28; Scott Bales: páginas 10-11, 13, 23, 29;
    Steven Bardens/Action Plus: páginas 14, 17; John Gress: página 15; Andy Mead:
    página 22; Eric Swist: página 25; Bob Van Der Cruijsem/Pics United: página 24;
    Eric Verhoeven/Pics United: página 27
iStockphoto.com: Shelly Perry: página 31; Alberto Pomares: página 12; Patti Smith: página 5;
    Kirk Strickland: páginas 3, 8 (izquierda)
© Photosport.com: portada, páginas 4, 16, 20, 21
Otras imágenes de Adobe Image Library, Digital Stock y Photodisc

Traducción
Servicios de traducción al español y de composición de textos
    suministrados por translations.com

Library and Archives Canada Cataloguing in Publication

Kalman, Bobbie, 1947-
    Fútbol para patear / Bobbie Kalman y John Crossingham.

(Deportes para principiantes)
Includes index.
Translation of: Kick it soccer.
ISBN 978-0-7787-8638-2 (bound).--ISBN 978-0-7787-8647-4 (pbk.)

    1. Soccer--Juvenile literature. I. Crossingham, John, 1974-
II. Title. III. Series.

GV943.25.K2418 2008   j796.334   C2008-902904-6

Library of Congress Cataloging-in-Publication Data

Kalman, Bobbie.
    [Kick it soccer. Spanish]
    Fútbol para patear / Bobbie Kalman y John Crossingham.
        p. cm. -- (Deportes para principiantes)
Includes index.
ISBN-13: 978-0-7787-8647-4 (pbk. : alk. paper)
ISBN-10: 0-7787-8647-1 (pbk. : alk. paper)
ISBN-13: 978-0-7787-8638-2 (reinforced library binding : alk. paper)
ISBN-10: 0-7787-8638-2 (reinforced library binding : alk. paper)
    1. Soccer--Juvenile literature. I. Crossingham, John, 1974- II. Title. III. Series.

GV943.25.K35 2009
796.334--dc22   2008019079

Crabtree Publishing Company

www.crabtreebooks.com   1-800-387-7650

Publicado en Canadá
Crabtree Publishing
616 Welland Ave.
St. Catharines, ON
L2M 5V6

Publicado en los Estados Unidos
Crabtree Publishing
PMB16A
350 Fifth Ave., Suite 3308
New York, NY 10118

Publicado en el Reino Unido
Crabtree Publishing
White Cross Mills
High Town, Lancaster
LA1 4XS

Publicado en Australia
Crabtree Publishing
386 Mt. Alexander Rd.
Ascot Vale (Melbourne)
VIC 3032

Impreso en Canadá

Contenido

¿Qué es el fútbol?

El fútbol es el deporte más popular del mundo. En este deporte, dos equipos se enfrentan sobre un gran campo de juego. En cada extremo del campo hay una portería. Cada equipo intenta anotar **goles** o puntos. Se anota un gol cuando el balón ingresa en la portería del otro equipo.

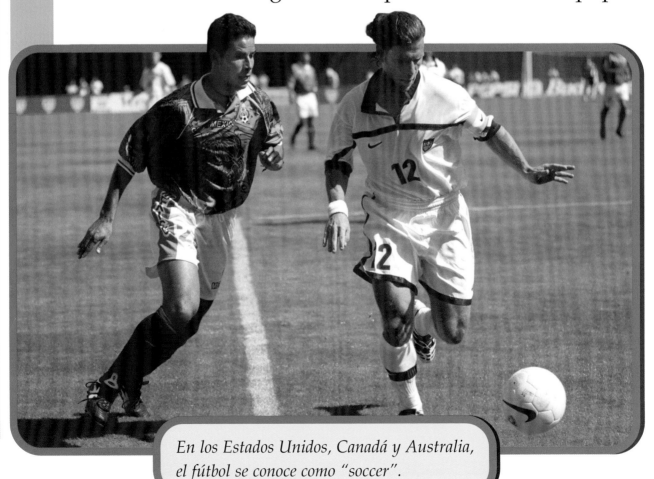

En los Estados Unidos, Canadá y Australia, el fútbol se conoce como "soccer".

Jugadores

Cada equipo de fútbol tiene once **jugadores** o compañeros de equipo. Todos están en el campo de juego al mismo tiempo. La mayoría de los jugadores sólo pueden tocar el balón con los pies, las piernas, el pecho o la cabeza. Para mover el balón, los jugadores generalmente lo patean.

Ofensiva o defensiva

Un equipo de fútbol siempre juega a la **ofensiva** o a la **defensiva**. El equipo juega a la ofensiva cuando tiene el control del balón y trata de anotar un gol. Juega a la defensiva cuando no tiene el control del balón y trata de detener a sus **oponentes** para que no anoten un gol. Los oponentes son los jugadores del otro equipo.

Esta niña juega a la ofensiva.
Está tratando de anotar un gol.

5

La gran cancha

Un juego de fútbol se llama **partido**. Dos equipos juegan un partido sobre un campo de juego. El campo se llama **cancha** y tiene líneas. La **línea central** divide a la cancha en dos mitades iguales. Las **líneas laterales** marcan los lados de la cancha. Las **líneas de meta** marcan los extremos de la cancha.

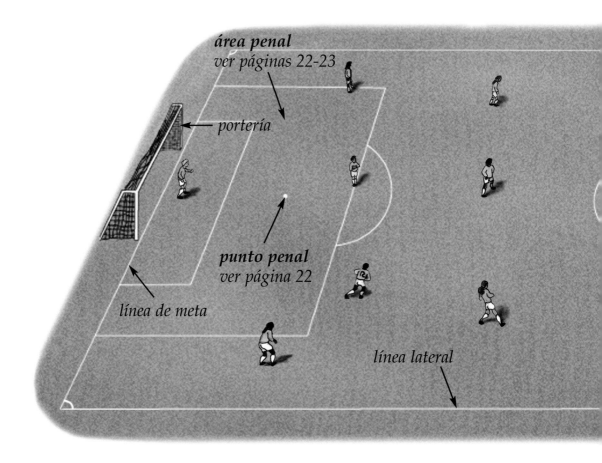

área penal
ver páginas 22-23

portería

punto penal
ver página 22

línea de meta

línea lateral

¡A sus puestos!

Durante el partido, cada jugador cumple una determinada función para ayudar a su equipo. La función principal de cada jugador depende de la **posición** que ocupa. En el fútbol hay cuatro posiciones. Ellas son **portero**, **defensa**, **mediocampista** y **delantero**. Cada equipo tiene un portero, cuatro defensas, tres mediocampistas y tres delanteros.

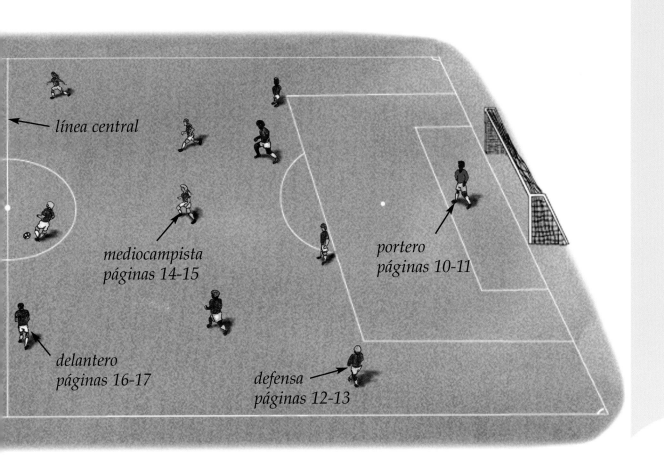

línea central

*mediocampista
páginas 14-15*

*portero
páginas 10-11*

*delantero
páginas 16-17*

*defensa
páginas 12-13*

Los movimientos

Los jugadores de fútbol realizan muchos **movimientos** o acciones para llevar el balón hacia la portería del otro equipo. En estas páginas se muestran algunos de los movimientos principales del fútbol.

*Para mover el balón por la cancha, el jugador **patea** el balón. Lo patea con el pie.*

*Para moverse por la cancha con el balón, el jugador debe **driblar**. Esta jugadora dribla el balón pateándolo un poco hacia delante a medida que corre.*

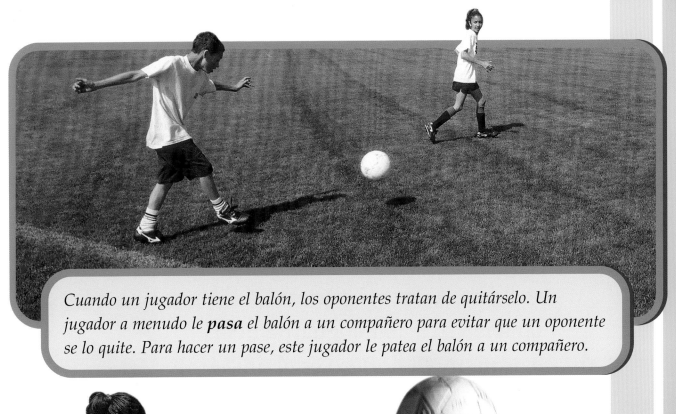

Cuando un jugador tiene el balón, los oponentes tratan de quitárselo. Un jugador a menudo le **pasa** el balón a un compañero para evitar que un oponente se lo quite. Para hacer un pase, este jugador le patea el balón a un compañero.

Cuando el balón está en el aire, el jugador puede **cabecearlo**. Para cabecear el balón, esta jugadora lo golpea con la cabeza. Se puede usar la cabeza para mover el balón por la cancha o meterlo en la portería del otro equipo.

Un jugador **enfrenta** a su oponente para quitarle el balón. Para hacerlo, el jugador se acerca a su oponente y usa los pies para quitarle el balón.

El portero

La función del portero es evitar que el balón entre en la portería. La acción de evitar que el balón entre en la portería se llama **atajar**. Al portero también se le llama **guardameta** o **arquero**. El portero es el único jugador que puede tocar el balón con las manos. Generalmente, se pone guantes para atajar.

Súper atajadores

Las porterías de fútbol son mucho más altas y anchas que el portero. El portero debe saltar muy alto para atajar. También debe ser capaz de moverse rápidamente en todas las direcciones para detener el balón.

El portero se distingue fácilmente en la cancha. La **camiseta** del portero es de un color diferente a las camisetas del resto del equipo. Tony Meola es portero. Él usa una camiseta amarilla.

Los defensas

Los defensas tratan de proteger su portería de los oponentes. También se les llama **zagueros**. Cada zaguero se queda cerca de un determinando oponente. Esto se llama **marcar**. Los zagueros marcan a los oponentes a fin de enfrentar a los que corren rápidamente hacia la portería para anotar un gol.

La defensa de azul está marcando a la oponente que tiene una camiseta anaranjada.

La jugadora de camiseta azul es zaguera.
Ella acaba de quitarle el balón a su oponente.

Enfrentadas

Los jugadores deben tener cuidado cuando quitan los balones. Hay reglas acerca de cómo se puede enfrentar a un jugador. Los jugadores deben tocar el balón antes que a sus oponentes. No pueden empujar ni hacer zancadillas a sus oponentes al enfrentarlos.

13

Los mediocampistas

Los mediocampistas son buenos para defender. Tratan de recuperar el balón enfrentando a sus oponentes. También bloquean pases. Además, son buenos para el juego ofensivo. Driblan el balón por la cancha y tratan de anotar goles.

Este mediocampista está driblando el balón para alejarlo de su portería.

Gracias, yo paso

Los mediocampistas ayudan a que su equipo mantenga la **posesión** del balón. Mantener la posesión significa evitar que los oponentes tengan el balón. Los mediocampistas pasan el balón a sus compañeros para mantenerlo lejos de sus oponentes.

Clint Dempsey es un excelente mediocampista.
Le está pasando el balón a un compañero.

Los delanteros

Los delanteros tienen una función principal: ¡tratar de anotar goles! Todos los delanteros deben hacer excelentes **tiros**. Un tiro es una patada fuerte hacia la portería. El delantero hace un tiro cuando intenta anotar un gol. Los que hacen grandes tiros anotan muchos goles.

Los delanteros tratan de disparar a las esquinas de la portería. Al portero le resulta muy difícil atajar estos tiros.

Wayne Rooney es delantero.
Aquí lo vemos haciendo un tiro.

Buena puntería

Los delanteros practican mucho sus tiros. Intentan dirigirlos a distintas partes de la portería. Durante el partido, deben hacer tiros con mucha rapidez. Con mucha práctica, aprenden a dirigir sus tiros a lugares donde los porteros no pueden detenerlos.

Siempre vigilante

En todos los partidos de fútbol hay un **árbitro**. Él hace que todos los jugadores cumplan las reglas. El árbitro controla el partido desde la cancha. Detiene el juego si un jugador **comete falta** contra un oponente. Un jugador comete falta cuando patea al oponente en vez de patear el balón.

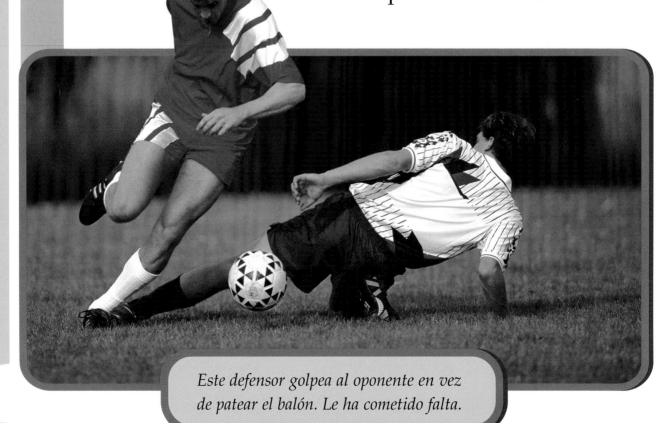

Este defensor golpea al oponente en vez de patear el balón. Le ha cometido falta.

Juego sucio

Cuando un jugador le comete falta a un oponente, el árbitro puede sacar una **tarjeta amarilla** o una **tarjeta roja**. La tarjeta amarilla advierte al jugador que debe comportarse mejor. Si el jugador lastima a un oponente a propósito, el árbitro puede sacar la tarjeta roja. Esto significa que el jugador es expulsado del juego.

Si el árbitro saca una tarjeta amarilla y el jugador sigue comportándose mal, el árbitro sacará una tarjeta roja y el jugador deberá dejar el juego.

Tiros libres

Esta jugadora coloca el balón para un tiro libre.

Cuando se le comete falta a un jugador, el árbitro detiene el juego. Un jugador del equipo al que se le cometió la falta patea un **tiro libre**. En un tiro libre, el balón se coloca en el lugar donde se cometió la falta. El jugador que patea el tiro libre pone nuevamente el balón en juego. El juego se reinicia tan pronto como el jugador patea el tiro libre.

Juego ofensivo

Un tiro libre le permite a un equipo tomar posesión del balón. La jugadora encargada del tiro libre puede patear el balón a sus compañeras, y así pueden hacer un juego ofensivo. Cuando una jugadora patea un tiro libre, sus compañeras avanzan para recibir el balón. El equipo trabaja en conjunto para llevar el balón hacia la portería del oponente y anotar un gol.

Esta jugadora patea un tiro libre.

Tiros penales

Algunas veces, un jugador le comete falta a un oponente dentro del área penal. Cuando a un jugador se le comete falta dentro de esta área se le otorga un **tiro penal**. Este disparo se patea desde el punto penal. Hay un punto penal frente a cada una de las porterías. El portero se queda en la portería para intentar detener el disparo. Los demás jugadores deben esperar fuera del área penal hasta que el jugador patee el balón.

Incluso para los mejores porteros es muy difícil detener un tiro penal.

¡Disparen!

Algunas veces un partido termina en **empate**. Esto sucede cuando los dos equipos anotan la misma cantidad de goles. Cuando hay empate, se patea una **serie de tiros penales** para decidir cuál es el equipo ganador. En esta serie, cada equipo patea cinco tiros penales. El equipo que anota más goles gana el partido.

Ligas

En todas partes del mundo hay **ligas** de fútbol. Una liga es un conjunto de **clubes** o equipos. En una liga, los clubes se enfrentan principalmente entre sí. Algunos clubes tienen más de 100 años. En estas páginas se muestran algunas ligas famosas de América del Norte y Europa.

FA Premier

La FA Premier es una liga inglesa. En ella juegan muchos de los clubes más famosos del mundo. Manchester United, Chelsea, Liverpool y Arsenal son clubes de la liga FA Premier. Cristiano Ronaldo, a quien ves a la izquierda, es un delantero del Manchester United.

Ligue 1

La Ligue 1 es una liga francesa. Olympique Lyonnais, Olympique de Marseille y Paris Saint Germain son algunos de los clubes que la integran. La liga se fundó en 1932.

Major League Soccer

La Major League Soccer es una liga norteamericana, con equipos de los Estados Unidos y Canadá. Se fundó en 1996. Cada año, los dos mejores equipos de la liga disputan la **Copa MLS**.

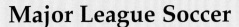

Primera División de la LFP

La Primera División de Liga de Fútbol Profesional (LFP) de España está formada por clubes como Real Madrid, FC Barcelona, Deportivo La Coruña y Villarreal. Ronaldinho, a quien ves a la derecha, es un mediocampista que juega en el FC Barcelona.

Viajar a Europa

Los mejores jugadores de fútbol del mundo generalmente juegan en clubes europeos. Estos clubes son parte de la **Unión Europea de Asociaciones de Fútbol** o **UEFA**. La UEFA es la organización que fija las reglas del fútbol europeo. También organiza los **torneos** en los que participan los clubes. Un torneo es una serie de partidos en la que los clubes juegan contra otros para ganar un premio.

La Copa Mundial

El torneo más importante del fútbol es la **Copa Mundial**. Esta Copa se juega cada cuatro años. En la Copa Mundial, los jugadores no juegan para sus equipos habituales, sino para sus países. El equipo de un país está formado por jugadores que nacieron en ese país.

Aficionados de todas partes del mundo van a los partidos de la Copa Mundial. La gente ondea banderas, se pinta la cara y alienta a su país.

Dos torneos

Hay dos torneos de Copa Mundial: uno para hombres y otro para mujeres. El torneo femenino se realiza un año después que el masculino. En 2006, Alemania fue el país **anfitrión** de la Copa Mundial masculina. En 2007, China fue el país anfitrión de la Copa Mundial femenina.

Italia ganó la Copa Mundial 2006 que se disputó en Alemania.

Copa Mundial masculina

Año	País ganador	País anfitrión
2006	Italia	Alemania
2002	Brasil	Corea del Sur y Japón
1998	Francia	Francia
1994	Brasil	Estados Unidos

Copa Mundial femenina

Año	País ganador	País anfitrión
2003	Alemania	Estados Unidos
1999	Estados Unidos	Estados Unidos
1995	Noruega	Suecia
1991	Estados Unidos	China

Trofeo de la Copa Mundial

Estrellas del fútbol

A lo largo de los años, han surgido miles de estrellas del fútbol. Estrellas como Pelé, Diego Maradona, David Beckham y Mia Hamm han deleitado a aficionados de todo el mundo. Algunos de los mejores jugadores de la actualidad aparecen en estas páginas.

Ronaldinho

Ronaldo de Assis Moreira es un gran mediocampista brasileño. Se le conoce como Ronaldinho. Su espectacular drible y sus pases increíbles han ayudado a su equipo a ganar muchos partidos.

Thierry Henry

Thierry Henry, a quien ves a la derecha, es un delantero francés. Se le conoce por sus potentes tiros. Muy pocos jugadores disparan tan bien como él. Es el máximo goleador en la historia del club inglés Arsenal.

Gianluigi Buffon

Muchos consideran que Gianluigi Buffon es el mejor portero del mundo. Sus increíbles atajadas ayudaron a Italia a ganar la Copa Mundial 2006.

Kristine Lilly

Kristine Lilly, a quien ves a la izquierda, es una mediocampista estadounidense. Es la capitana del equipo nacional de los Estados Unidos. Lilly ha jugado más partidos **internacionales** que cualquier otro jugador en la historia. También es una de las máximas goleadoras de la historia.

Steven Gerrard

Cuando Steven Gerrard era niño, su equipo favorito era el Liverpool de Inglaterra. En la actualidad, es un mediocampista del Liverpool. Gerrard es uno de los mejores pasadores de este deporte. También es un gran anotador.

¡Únete a una liga!

En todo el mundo, los niños juegan al fútbol. Si quieres jugar, seguramente encontrarás una liga cerca de donde vives. Muchas escuelas tienen equipos. En las ciudades también encontrarás ligas con equipos para jóvenes de todas las edades.

Practicar deportes de equipo te dará la oportunidad de hacer amigos y de divertirte.

Campamentos

Los campos de fútbol de verano son otra forma divertida de aprender a jugar al fútbol. Los campistas aprovechan el día para aprender habilidades y jugar partidos contra otros niños. Pregúntales a tus padres o maestros de educación física cómo puedes ir a un campamento este verano.

El fútbol es un buen ejercicio y una manera excelente de mantenerse saludable. ¡Diviértete!

Glosario

Nota: Es posible que las palabras en negrita que están definidas en el texto no figuren en el glosario.

anfitrión (el) Ser la persona, el lugar o la organización sede de un evento

área penal (el) El área de la cancha que se encuentra frente a la portería, donde una falta es castigada con un tiro penal

Copa MLS (la) Es el premio que se entrega al mejor equipo de la Major League Soccer

falta (la) Romper las reglas del juego al tener contacto violento con un oponente

internacional Describe un partido que se juega entre dos equipos de diferentes países

oponente (el) Un jugador del equipo contrario

posición (la) La función que cumple el jugador en el equipo

punto penal (el) Es el punto frente a la portería desde el cual se patea un tiro penal

tiro penal (el) Un tiro pateado desde el punto penal después de que a un jugador se le comete falta en el área penal

Índice

Impreso en Canadá